Dados Internacionais de Catalogação na Publicação (CIP) de acordo com ISBD

B814q	Braide, Priscilla
	O bom amigo / Priscilla Braide; ilustrado por Bibi Aquino. - Jandira, SP : Pingue Pongue, 2022.
	32 p. : il.; 24,00cm x 24,00cm. (Contos sociais)
	ISBN: 978-65-84504-16-5
	1. Educação inclusiva. 2. Autismo. 3. Terapia. 4. Inclusão. I. Aquino, Bibi. II. Título. III. Série
2022-506	CDD 371.9
	CDU 376-054-57

Elaborado por Lucio Feitosa - CRB-8/8803

Índice para catálogo sistemático:
1. Educação inclusiva 371.9
2. Educação inclusiva 376-054-57

Este livro foi impresso em fonte Billy em abril de 2022.

Pingue Pongue Edições e Brinquedos Educativos Ltda. é um selo da Ciranda Cultural.

© 2022 Ciranda Cultural Editora e Distribuidora Ltda.
Texto © Priscilla Braide
Ilustrações: Bibi Aquino
Revisão: Isabel Fernandes
Produção: Ciranda Cultural

1ª Edição em 2022
www.cirandacultural.com.br

Todos os direitos reservados. Nenhuma parte desta publicação pode ser reproduzida, arquivada em sistema de busca ou transmitida por qualquer meio, seja ele eletrônico, fotocópia, gravação ou outros, sem prévia autorização do detentor dos direitos, e não pode circular encadernada ou encapada de maneira distinta daquela em que foi publicada, ou sem que as mesmas condições sejam impostas aos compradores subsequentes.

SER UM BOM AMIGO SIGNIFICA DEIXAR AS MINHAS MÃOS E OS MEUS PÉS SEMPRE PERTO DO MEU CORPO E SOMENTE TOCAR O AMIGO QUANDO FIZER PARTE DA BRINCADEIRA E ELE PERMITIR, COMO NAS BRINCADEIRAS DE PEGA-PEGA.

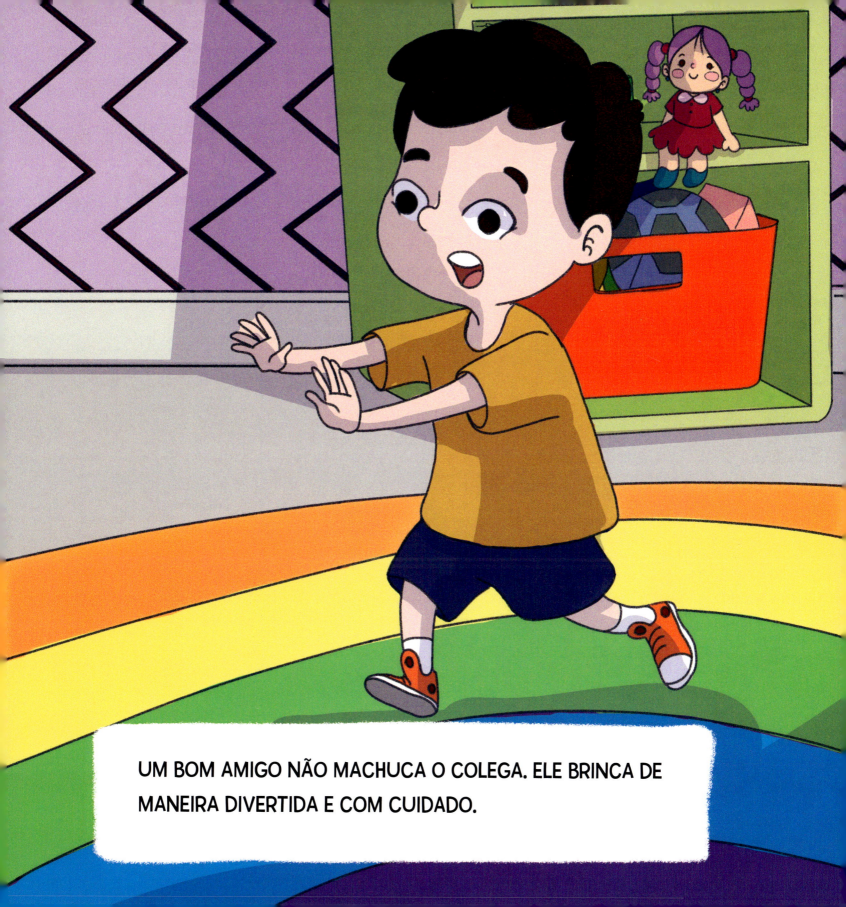

UM BOM AMIGO NÃO MACHUCA O COLEGA. ELE BRINCA DE MANEIRA DIVERTIDA E COM CUIDADO.

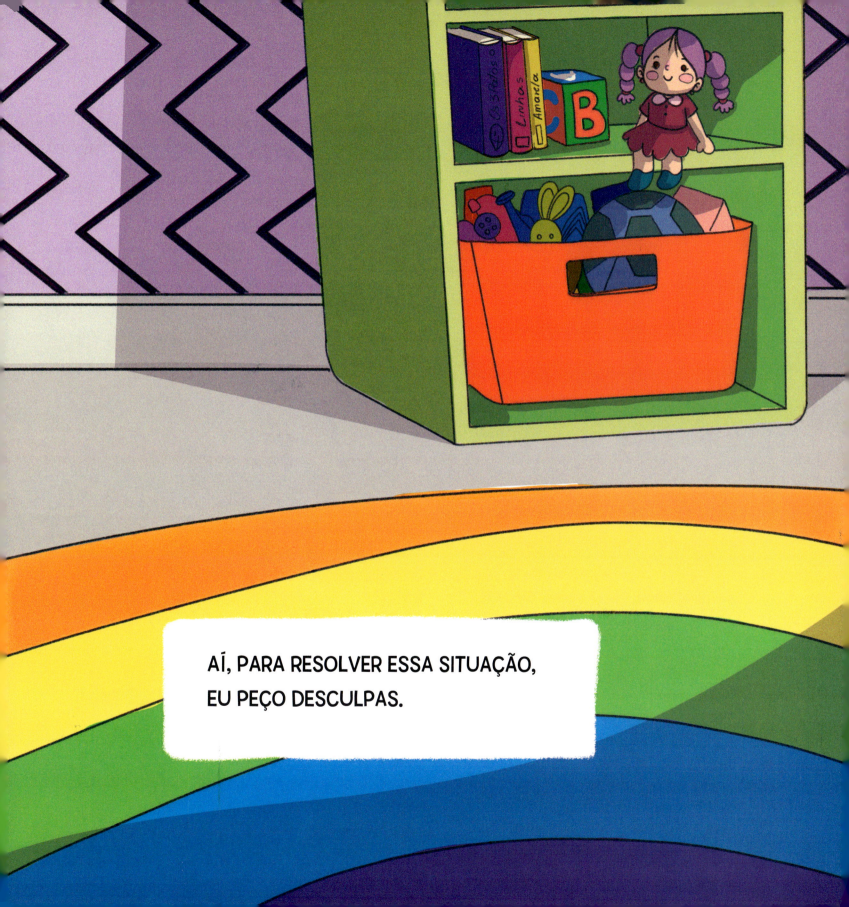

AÍ, PARA RESOLVER ESSA SITUAÇÃO, EU PEÇO DESCULPAS.

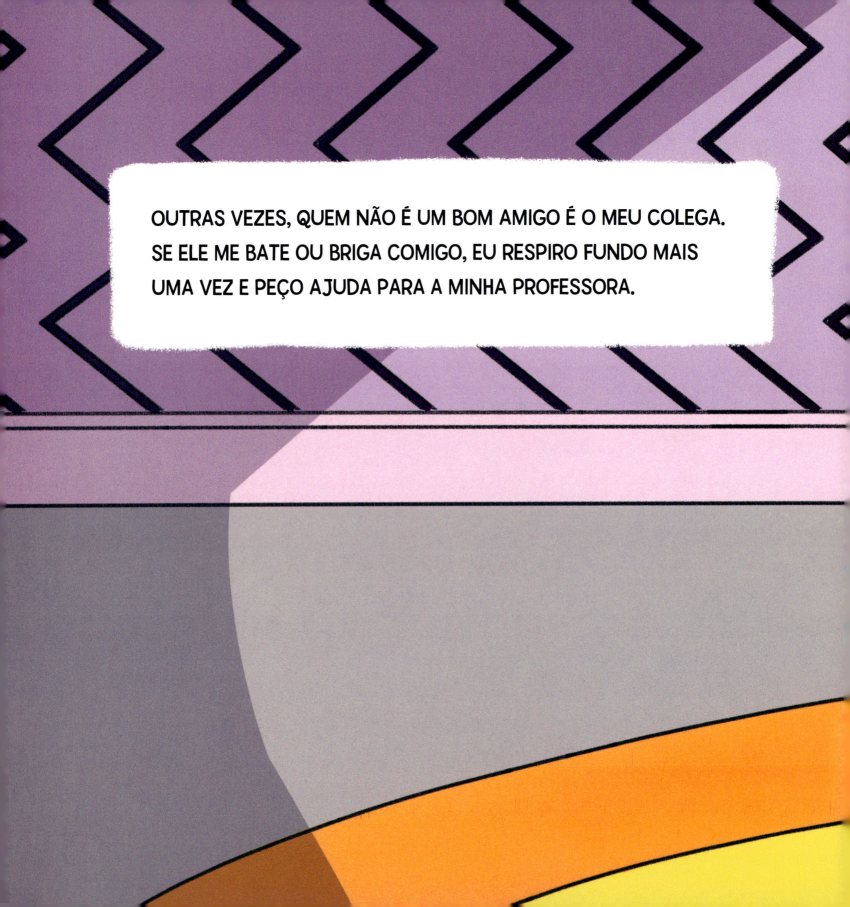

OUTRAS VEZES, QUEM NÃO É UM BOM AMIGO É O MEU COLEGA. SE ELE ME BATE OU BRIGA COMIGO, EU RESPIRO FUNDO MAIS UMA VEZ E PEÇO AJUDA PARA A MINHA PROFESSORA.

A MINHA PROFESSORA FICA FELIZ QUANDO SOU UM BOM AMIGO.

Priscilla Braide possui graduação em Psicologia pela Pontifícia Universidade Católica de Campinas (PUC-Campinas) e mestrado em Psicologia Experimental: Análise do Comportamento pela Pontifícia Universidade Católica de São Paulo (PUC-SP). No final de 2009, mudou-se para Winnipeg, Canadá, onde trabalhou por dois anos como ABA consultant no programa Autism Services em St. Amant. Em 2012, fundou a editora Stimulus Materiais de Ensino em ABA, que desenvolve materiais didáticos para alunos com transtornos do espectro autista (TEA).

Bibi Aquino é artista, ilustradora, professora e mãe. Há mais de 10 anos vem trabalhando com ilustrações. Atualmente se dedica a projetos do universo infantil, uma de suas paixões, que a conquistou com suas cores e ideias lúdicas vivenciadas pelos pequenos todos os dias. Ela utiliza várias técnicas para brincar nesse universo.